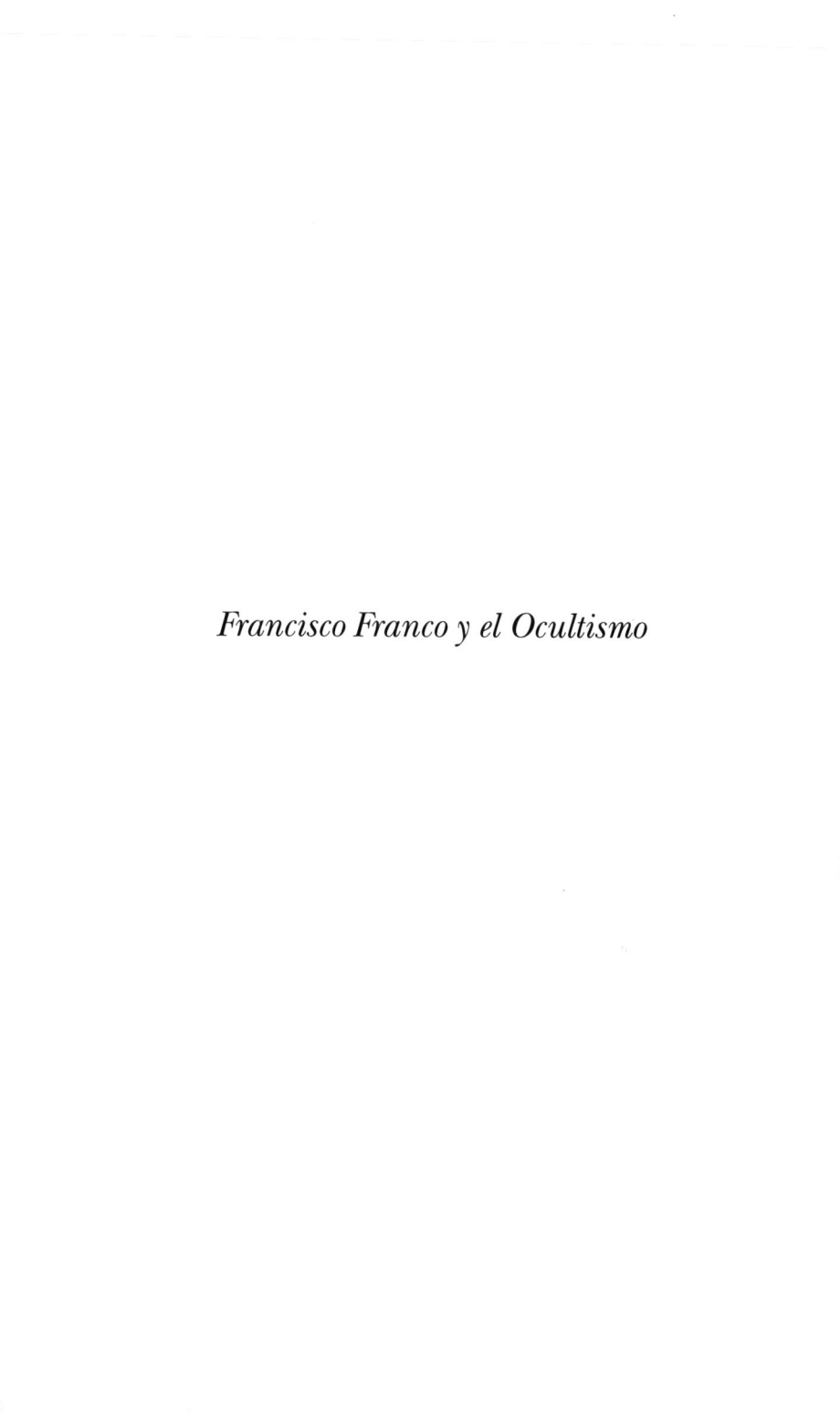

Francisco Franco y el Ocultismo

colección
TABLA
ESMERALDA

La Colección Tabla Esmeralda es mucho más que una serie de libros: es una invitación a descubrir tu poder interior y a explorar los secretos más ocultos del universo. A través de una selección exquisita de obras emblemáticas en los campos del esoterismo, la autoayuda y el pensamiento espiritual, esta colección está pensada para aquellos que buscan expandir su conciencia y comprender los misterios que han fascinado a la humanidad desde tiempos ancestrales.

Cada libro te guiará en un viaje profundo hacia el conocimiento místico y el desarrollo personal, ayudándote a desentrañar los enigmas que rodean la existencia humana y a conectar con el poder transformador de la mente y el alma. Si sientes el llamado de lo desconocido, si anhelas descubrir verdades ocultas y elevar tu ser a nuevas dimensiones, la Colección Tabla Esmeralda es el compañero perfecto en tu búsqueda espiritual.

DULCE MARÍA ALCARAZ

FRANCISCO
FRANCO
Y EL OCULTISMO

ALCARAZ
EDICIONES

© Alcaraz Ediciones, 2024
© Dulce María Alcaraz, 2024

Mare Nostrum, 44
46420 – El Perelló
Sueca, Valencia
Teléf.: (+34) 910 46 54 33
e-mail: info@alcarazediciones.es
https://alcarazediciones.es

I.S.B.N.: 979-13-87586-04-1
Depósito Legal: V-4689-2024

Diseño y maquetación: Iván García Molinero
Printed in Spain / Impreso en España

ÍNDICE

INTRODUCCIÓN: FRANCISCO FRANCO Y SU RELACIÓN CON EL MISTERIO

Francisco Franco, el caudillo que gobernó España durante casi cuatro décadas, ha sido una figura de gran interés tanto por su impacto en la historia política del país como por las numerosas leyendas, especulaciones y mitos que lo rodean. Su vida y su régimen estuvieron marcados por la opacidad, el autoritarismo y una profunda relación con la religión, pero también con ciertos elementos del ocultismo. Esta introducción explora la biografía de Franco y las razones por las que su vínculo con lo esotérico sigue siendo un tema intrigante. Asimismo, se analiza el contexto político-religioso en el que se desarrolló su dictadura, donde el catolicismo tradicionalista convivió con rumores de relaciones con sociedades secretas, sectas ocultistas y creencias esotéricas.

Breve biografía de Francisco Franco

Francisco Franco Bahamonde nació el 4 de diciembre de 1892 en Ferrol, una pequeña ciudad costera de Galicia, España. Proveniente de una familia de tradición militar, Franco ingresó en la Academia de Infantería de Toledo a la edad de 14 años, dando inicio a una carrera militar que lo llevaría a convertirse en una de las figuras más influyentes de la historia contemporánea de España.

Franco se distinguió desde joven en las guerras coloniales en Marruecos, ganándose la reputación de ser un comandante disciplinado, astuto y frío. Durante las campañas en el norte de África, Franco participó en numerosas batallas y fue ascendiendo rápidamente dentro del Ejército, llegando a ser el general más joven de Europa en 1926, con tan solo 33 años.

Cuando estalló la Guerra Civil Española en 1936, tras años de tensiones políticas y sociales entre republicanos, comunistas y nacionalistas, Franco se erigió como líder de las fuerzas sublevadas contra la Segunda República. Apoyado por fuerzas fascistas italianas y nazis alemanas, Franco lideró a los nacionalistas hacia la victoria en 1939, instaurando un régimen dictatorial que perduraría hasta su muerte en 1975.

Durante su dictadura, Franco mantuvo una imagen de líder autoritario, profundamente conservador y católico, que rechazaba las ideologías liberales, socialistas y comunistas. Sin embargo, a lo largo de su vida, también circularon rumores y especulaciones sobre su interés en prácticas esotéricas, su relación con el ocultismo y su persecución obsesiva de la masonería, una organización que Franco consideraba una amenaza oculta para la estabilidad de España.

Su muerte en 1975 marcó el fin de una era y el inicio de la Transición Española hacia la democracia. Sin embargo, la figura de Franco continúa siendo objeto de debate, tanto por su legado político como por las múltiples leyendas que han surgido sobre sus supuestas conexiones con el mundo esotérico.

¿Por qué explorar su vínculo con el ocultismo y las sectas?

El vínculo de Francisco Franco con el ocultismo y las sectas es un tema que ha capturado la imaginación de investigadores y escritores durante décadas. Aunque su régimen se proyectó como defensor de la tradición católica y el orden conservador, la vida y el gobierno de Franco están rodeados de una serie de enigmas que invitan a explorar sus posibles relaciones con el mundo esotérico.

Uno de los factores que ha alimentado esta fascinación es la obsesión de Franco con la masonería, a la que consideraba un enemigo poderoso y peligroso. En varias ocasiones, el caudillo llegó a afirmar que los masones, en alianza con comunistas y liberales, formaban parte de una conspiración internacional para destruir a España. Esta paranoia llevó a Franco a prohibir la masonería en el país y a perseguir a sus miembros de manera implacable, generando especulaciones sobre si su odio hacia esta organización ocultaba una relación más personal y cercana con sus rituales o con otras sociedades secretas.

Además, la participación de líderes nazis y fascistas en ritos ocultistas durante la Segunda Guerra Mundial, como es el caso de Heinrich Himmler y su búsqueda del Santo Grial, ha llevado a algunos historiadores a preguntarse si Franco también estuvo influenciado por este tipo de creencias. Las estrechas relaciones que Franco mantuvo con Hitler y Mussolini, quienes tuvieron un interés manifiesto en el esoterismo, contribuyen a la especulación sobre si Franco compartía, al menos en parte, esa fascinación.

Por otra parte, el uso de símbolos, ritos y mitos durante la dictadura de Franco ha sido interpretado por algunos como una muestra de su relación con lo esotérico. La retórica de Franco sobre la cruzada contra los enemigos de España y su insistencia en que su gobierno tenía una «misión divina» para proteger al país del comunismo y el ateísmo, son elementos que sugieren una relación más compleja entre religión y poder, en la que lo místico y lo oculto pueden haber jugado un papel más importante de lo que se ha reconocido oficialmente.

Finalmente, la longevidad de Franco, que vivió hasta los 82 años y gobernó España durante casi 40, junto con su capacidad para mantenerse en el poder a pesar de las dificultades, ha generado mitos sobre posibles protecciones místicas o mágicas que le permitieron eludir numerosos intentos de asesinato y sobrevivir a sus enemigos políticos.

Contexto político-religioso en la España franquista

El contexto político-religioso en el que se desarrolló la dictadura de Francisco Franco fue profundamente complejo. España, tras la Guerra Civil, quedó devastada, tanto física como espiritualmente. Franco entendió desde el principio que su régimen debía apoyarse en pilares fuertes y duraderos que le garantizaran legitimidad, control y estabilidad, y uno de esos pilares fue la Iglesia Católica.

Franco se presentó a sí mismo como el salvador de España, el hombre que había librado al país de la «amenaza roja» y del caos. La Iglesia Católica, que había sido perseguida y reprimida durante la Segunda República, apoyó el régimen franquista, viendo en él una oportunidad para recuperar su influencia y prestigio en la sociedad española. A cambio, Franco utilizó a la Iglesia para consolidar su poder, y el catolicismo se convirtió en la religión oficial del Estado.

El nacionalcatolicismo, una doctrina que fusionaba el nacionalismo conservador con el catolicismo tradicional, se convirtió en la piedra angular del régimen franquista. Bajo este enfoque, la Iglesia tenía un papel destacado en la educación, el sistema judicial y la vida pública en general. La moral católica impregnaba todas las instituciones del Estado, y la religión fue utilizada como un instrumento de control social.

Sin embargo, esta alianza con la Iglesia Católica no fue tan simple como parecía. Bajo la superficie del nacionalcatolicismo, había tensiones e inquietudes espirituales y esotéricas que circulaban en ciertos círculos cercanos a Franco. La influencia de sociedades secretas, como el Opus Dei, y los rumores sobre la participación de algunos miembros del régimen en prácticas esotéricas, alimentaron las especulaciones sobre las conexiones de Franco con el ocultismo.

A pesar de su obsesión con la represión de la masonería y su alianza con la Iglesia, la figura de Franco siempre estuvo envuelta en un halo de misterio y mitología que va más allá de la religión oficial. En este contexto, el estudio de las conexiones entre el régimen franquista, el esoterismo y las sectas ocultistas revela una dimensión menos explorada de la vida del dictador, una que pone en entredicho la visión oficial de Franco como un simple defensor del catolicismo tradicional.

CAPÍTULO 1: FRANCO Y LA INFLUENCIA NAZI EN EL OCULTISMO

El régimen de Francisco Franco, desde sus inicios, estuvo estrechamente vinculado con la Alemania nazi, no solo por la cooperación militar y política, sino también por ciertos aspectos ideológicos y simbólicos que ambos regímenes compartían. La fascinación de los nazis por el esoterismo y el ocultismo ha sido bien documentada, y la influencia de estas creencias no pasó desapercibida en la España franquista. En este capítulo se explora cómo el nazismo influyó en el franquismo, la relación de Franco con figuras clave como Heinrich Himmler, y cómo la búsqueda del Grial y otras leyendas esotéricas se entrelazaron con la política del régimen español.

La conexión entre el franquismo y la Alemania nazi

La relación entre Francisco Franco y Adolf Hitler comenzó antes del estallido de la Segunda Guerra Mundial, durante la Guerra Civil Española (1936-1939). Hitler apoyó activamente a Franco, proporcionando aviones, armas y tropas en el conflicto, especialmente a través de la temida Legión Cóndor, que desempeñó un papel crucial en la victoria de los nacionales en la guerra. Franco, por su parte, veía en el Tercer Reich un aliado estratégico para consolidar su poder y estabilizar su régimen, y la ayuda nazi fue fundamental para el éxito de los franquistas.

Sin embargo, la relación entre ambos líderes no fue completamente simétrica. A pesar de su gratitud por la ayuda de Hitler, Franco mantuvo cierta distancia política de la Alemania nazi, especialmente después de 1941, cuando la balanza de la guerra comenzó a inclinarse en contra de los alemanes. Franco adoptó una postura de «neutralidad no beligerante», evitando involucrar oficialmente a España en la Segunda Guerra Mundial, aunque envió la División Azul para luchar junto a los alemanes en el Frente Oriental.

La conexión entre Franco y el nazismo no se limitaba solo a lo militar y lo político. En términos ideológicos, ambos regímenes compartían una visión profundamente conservadora y autoritaria, basada en la defensa del orden, la jerarquía y el rechazo del comunismo, el liberalismo y la democracia. En ese marco, el esoterismo y las creencias ocultas que florecían en el entorno nazi encontraron eco en ciertos sectores del franquismo, aunque de manera más encubierta.

La relación de Franco con Heinrich Himmler y el esoterismo nazi

Una de las figuras clave en la conexión entre el franquismo y el esoterismo nazi fue Heinrich Himmler, el líder de las SS y uno de los principales arquitectos del régimen nazi. Himmler no solo fue responsable de algunas de las atrocidades más grandes de la guerra, sino que también estaba profundamente interesado en lo oculto y lo esotérico. Creía en el poder de las fuerzas ancestrales germánicas y estaba obsesionado con encontrar reliquias sagradas, como el Santo Grial, que, según él, otorgaría poder y legitimidad a la raza aria.

Himmler visitó España en 1940, poco después de la victoria de Franco en la Guerra Civil, en una gira que estuvo envuelta en un aura de misterio y esoterismo. Oficialmente, Himmler fue invitado a España como parte de una misión diplomática, pero sus objetivos personales iban más allá de la política. Durante su visita, Himmler mostró un especial interés por el Monasterio de Montserrat, en Cataluña, un lugar que, según algunas leyendas, estaba vinculado al Santo Grial.

Montserrat era conocido por su misticismo y por haber sido, supuestamente, el lugar donde los caballeros de la Orden del Temple habían custodiado el Grial. Himmler, fascinado por las leyendas artúricas y templarias, creía que el Grial podía encontrarse en algún lugar de Montserrat. En su visita, exigió ver los archivos del monasterio y se reunió con los monjes en busca de información sobre el paradero de la reliquia. Aunque no encontró lo que buscaba, la visita de Himmler dejó una profunda huella en la narrativa esotérica vinculada al franquismo.

La relación entre Franco y Himmler fue cordial, aunque no exenta de tensiones. Franco, pragmático y consciente de la importancia de mantener su independencia política, evitó involucrarse abiertamente en las creencias esotéricas de los nazis, pero permitió que figuras como Himmler realizaran sus investigaciones en territorio español. Además, algunos sectores del régimen franquista veían en la búsqueda de reliquias y en las creencias esotéricas una forma de consolidar su propio poder simbólico.

Las visitas de líderes nazis a España: búsqueda del Grial y mitos esotéricos

La visita de Himmler a España fue solo uno de los episodios que ilustran la relación entre el franquismo y el esoterismo nazi. Otros líderes nazis, fascinados por la historia y los mitos españoles, también vieron en el país una tierra de secretos ocultos y poderosas reliquias.

Uno de los mitos más perdurables que surgieron en este contexto fue la creencia de que España, y en particular lugares como Montserrat, escondían el Santo Grial. El Grial, según la leyenda artúrica, es la copa que Jesucristo utilizó en la Última Cena, y que luego fue custodiada por los templarios. La búsqueda del Grial ha sido una de las obsesiones más duraderas de la mitología cristiana y esotérica, y los nazis, con su afán por conectar su poder con símbolos místicos, no fueron inmunes a esta fascinación.

Se cree que Himmler no fue el único nazi interesado en el Grial. Otros altos mandos nazis, como Rudolf Hess, también tenían un interés en las leyendas artúricas y las reliquias sagradas, y vieron en España un terreno fértil para sus investigaciones esotéricas. Las visitas de estos líderes a España alimentaron los rumores de que el régimen franquista podría haber compartido, al menos en parte, ese interés por lo oculto.

Franco, por su parte, utilizó la historia y las leyendas españolas para fortalecer la imagen de su régimen como el salvador de los valores tradicionales y espirituales de Occidente. La conexión con los templarios y el Grial, aunque indirecta, proporcionó a su régimen un aura de legitimidad y trascendencia histórica, presentando a Franco no solo como un líder político, sino como un custodio de las esencias más puras de la civilización cristiana.

La influencia de las sociedades ocultistas alemanas en el régimen franquista

Las sociedades ocultistas alemanas, que tuvieron una fuerte presencia en el entorno nazi, también influyeron en el régimen franquista, aunque de manera más discreta. En la Alemania nazi, grupos como la Ahnenerbe, una organización dedicada al estudio de la herencia ancestral germánica, y la Thule Gesellschaft, una sociedad secreta con intereses en el ocultismo y la mitología aria, jugaron un papel importante en la construcción de la ideología del Tercer Reich.

Aunque no existen pruebas contundentes de que Franco o sus colaboradores más cercanos estuvieran directamente involucrados con estas sociedades, la influencia simbólica y esotérica que ejercieron los nazis sobre el régimen español fue evidente. El uso de símbolos poderosos, como la cruz y el yugo y las flechas, tenía ecos de la simbología que los nazis utilizaban para legitimar su poder a través de la conexión con un pasado mítico y ancestral.

Además, el anticomunismo militante de ambos regímenes también encontró puntos de convergencia en el ámbito esotérico. Tanto los nazis como los franquistas consideraban al comunismo no solo como una amenaza política, sino como una fuerza perversa y deshumanizadora que debía ser combatida no solo con armas, sino con el poder de la espiritualidad y la tradición. Este enfoque espiritualista, aunque enmarcado oficialmente dentro del catolicismo en el caso de Franco, también tenía resonancias esotéricas, especialmente en el uso de símbolos religiosos y en la narrativa de la «cruzada» contra el comunismo.

En resumen, la relación de Franco con el nazismo no solo se basó en alianzas políticas y militares, sino también en un intercambio simbólico y esotérico que dejó huella en el franquismo. La visita de Himmler y la búsqueda del Santo Grial en España son solo algunos ejemplos de cómo el régimen de Franco estuvo influenciado por las creencias ocultistas de los nazis. A lo largo de este capítulo, hemos visto cómo el franquismo, aunque aparentemente centrado en el catolicismo, estuvo expuesto a influencias esotéricas que moldearon algunos aspectos de su ideología y simbolismo. A medida que avancemos en el libro, descubriremos cómo estas influencias continuaron moldeando el régimen de Franco y su relación con el ocultismo y las sociedades secretas.

CAPÍTULO 2: FRANCO Y LOS MASONES: ENEMIGOS OCULTOS

A lo largo de su vida, Francisco Franco mostró una obsesión persistente con la masonería, a la que consideraba uno de los principales enemigos de su régimen. La hostilidad de Franco hacia los masones no fue únicamente política, sino que estuvo impregnada de una dimensión esotérica, ya que los consideraba una fuerza oscura que amenazaba los valores tradicionales de la España que él pretendía preservar. Este capítulo explora la relación de Franco con la masonería, desde su persecución implacable de los masones hasta los mitos y teorías que sugieren que el propio Franco pudo haber estado vinculado con esta organización secreta en algún momento de su vida.

La obsesión de Franco con la masonería

Francisco Franco fue un ferviente enemigo de la masonería, a la que consideraba responsable de muchos de los males que azotaban a España y al mundo. Desde el comienzo de su carrera política, Franco identificó a la masonería como parte de una conspiración internacional que buscaba socavar el orden tradicional, el catolicismo y la soberanía de las naciones. En sus discursos, Franco afirmaba que los masones trabajaban en secreto para destruir las bases de la civilización cristiana, promoviendo el comunismo, el liberalismo y el ateísmo.

Franco veía en la masonería no solo un peligro político, sino una amenaza espiritual y cultural. En su visión, los masones formaban parte de una red global de poder que manipulaba gobiernos, desestabilizaba sociedades y trabajaba en alianza con judíos, comunistas y liberales para imponer un nuevo orden mundial. Esta creencia en una conspiración masónica internacional fue uno de los pilares de la retórica franquista, y estuvo presente en muchos de sus discursos y escritos.

En su libro *Masonería*, publicado en 1952 bajo el seudónimo de J. Boor, Franco desarrolló sus teorías sobre la masonería y sus objetivos ocultos. En el texto, Franco sostenía que la masonería era una organización secreta que, bajo el disfraz de la filantropía y la fraternidad, buscaba destruir la religión, la patria y la familia. Para él, los masones eran los principales artífices de la decadencia moral de la sociedad moderna y responsables directos de muchos de los conflictos políticos que habían afectado a España en el siglo XX.

Esta obsesión con la masonería no era algo exclusivo de Franco, sino que estaba enraizada en una larga tradición de desconfianza hacia los masones en la España católica. Durante el siglo XIX, las logias masónicas se habían convertido en puntos de encuentro para intelectuales y políticos progresistas que promovían ideas liberales, laicistas y republicanas. Como resultado, la masonería fue vista por muchos conservadores como una amenaza a la unidad de España y al catolicismo, una percepción que Franco adoptó y exacerbó durante su dictadura.

La represión de los masones bajo el franquismo: leyendas y persecuciones

Uno de los aspectos más notorios del régimen de Franco fue su brutal persecución de los masones. Tras su victoria en la Guerra Civil Española (1936-1939), Franco promulgó leyes que prohibían la masonería y castigaban con severidad a cualquiera que estuviera involucrado en una logia. En 1940, el régimen aprobó la Ley de Represión de la Masonería y el Comunismo, que equiparaba a los masones con los comunistas y permitía la encarcelación, el exilio o la ejecución de aquellos que fueran descubiertos practicando actividades masónicas.

Bajo esta ley, miles de masones fueron arrestados, torturados y ejecutados. Las logias fueron cerradas, y sus miembros perseguidos por todo el país. Se establecieron tribunales especiales para juzgar a los masones, muchos de los cuales fueron condenados a penas de prisión, mientras que otros fueron fusilados. La represión de la masonería fue tan intensa que muchos masones españoles se vieron obligados a huir al exilio, donde continuaron sus actividades en la clandestinidad.

Uno de los casos más destacados de persecución fue el de Manuel Azaña, el último presidente de la Segunda República, a quien Franco acusaba de ser masón. Aunque Azaña nunca confirmó públicamente su pertenencia a la masonería, el régimen franquista lo retrató como el prototipo del líder masón que había llevado a España al caos. La figura de Azaña fue utilizada por Franco para ejemplificar lo que él consideraba los efectos destructivos de la masonería en la política y la sociedad española.

Además de la represión física, Franco también alimentó una serie de leyendas y mitos sobre la masonería. Según algunos relatos promovidos por el régimen, los masones practicaban rituales oscuros y conspiraban en secreto para controlar el mundo. Estas leyendas contribuyeron a reforzar la imagen de la masonería como una organización siniestra y peligrosa, una percepción que perduró durante toda la dictadura franquista.

Las creencias de Franco sobre la masonería y su supuesto poder oculto

La creencia de Franco en el poder oculto de la masonería iba más allá de lo puramente político. Para él, los masones no solo conspiraban para controlar los gobiernos y desestabilizar las naciones, sino que también estaban vinculados con prácticas esotéricas y rituales oscuros. En su retórica, Franco retrataba a la masonería como una fuerza anticristiana, cuyos miembros realizaban juramentos secretos y se involucraban en actividades que contradecían los valores de la Iglesia Católica.

Franco creía que la masonería estaba profundamente conectada con otras corrientes esotéricas, como el gnosticismo y las religiones orientales, y veía en sus ritos y símbolos una amenaza para la fe cristiana. Para él, la cruzada contra la masonería no era solo una lucha política, sino una guerra espiritual para proteger a España de las influencias malignas que, según él, buscaban destruir la tradición cristiana del país.

Uno de los aspectos más intrigantes de las creencias de Franco sobre la masonería fue su insistencia en que los masones actuaban en alianza con otras fuerzas subversivas, como el judaísmo y el comunismo. Esta teoría, conocida como la conspiración judeo-masónica-comunista, era promovida por el régimen franquista como una explicación de los grandes conflictos que habían afectado a España y al mundo en el siglo XX. Según esta teoría, los masones, en complicidad con los comunistas y los judíos, trabajaban en secreto para establecer un nuevo orden mundial que destruiría los valores tradicionales y cristianos.

¿Era Franco un antiguo masón? Teorías y especulaciones

Uno de los mitos más persistentes en torno a la relación de Franco con la masonería es la especulación de que él mismo pudo haber sido masón en algún momento de su vida. Esta teoría, aunque no respaldada por pruebas concluyentes, ha sido objeto de debate entre historiadores y escritores que han estudiado la figura del dictador.

Los rumores sobre la posible pertenencia de Franco a la masonería surgieron durante la Guerra Civil Española, cuando algunos de sus críticos y enemigos políticos lo acusaron de haber sido iniciado en una logia masónica durante su juventud. Según esta teoría, Franco habría ocultado su afiliación masónica para evitar ser relacionado con una organización que, en ese momento, era vista como enemiga del nacionalismo español.

Una de las razones por las que esta teoría ha persistido es el hecho de que varios altos mandos del ejército español, a los que Franco respetaba y con los que tenía relaciones cercanas, eran masones. Además, algunas de las características de liderazgo de Franco, como su uso de símbolos y su retórica sobre la fraternidad y el deber, han sido interpretadas por algunos como indicios de una posible influencia masónica en su formación.

Sin embargo, no hay pruebas directas que respalden esta teoría, y la feroz persecución de Franco contra la masonería sugiere que, si alguna vez tuvo vínculos con la organización, los rompió de manera definitiva antes de llegar al poder. A pesar de esto, las especulaciones sobre su posible pertenencia a la masonería han alimentado las teorías conspirativas que rodean a su figura, contribuyendo a la construcción del mito de Franco como un líder envuelto en el misterio y lo oculto.

En conclusión, la relación de Francisco Franco con la masonería fue una de las obsesiones más duraderas de su vida y de su régimen. Franco veía a los masones no solo como enemigos políticos, sino como una amenaza espiritual que debía ser erradicada para proteger los valores tradicionales de España. A lo largo de su dictadura, persiguió implacablemente a los masones, alimentando leyendas y mitos sobre su poder oculto y su influencia en los eventos políticos del siglo XX. Aunque nunca se confirmó que Franco hubiera sido masón, las teorías y especulaciones sobre su posible relación con la masonería continúan siendo parte de las narrativas esotéricas que rodean a su figura.

CAPÍTULO 3: SECTAS OCULTISTAS EN LA ESPAÑA FRANQUISTA

Durante la dictadura franquista, la actividad de sectas esotéricas y ocultistas en España tuvo un impacto más profundo del que se ha documentado tradicionalmente. Aunque Franco se proclamó defensor de los valores católicos y condenó oficialmente cualquier forma de espiritualidad que desafiara la ortodoxia religiosa, las creencias esotéricas encontraron un espacio limitado para desarrollarse, sobre todo en los círculos intelectuales, aristocráticos y militares que apoyaban al régimen. Este capítulo profundiza en la actividad de estas sectas durante el franquismo, explora su influencia en los círculos de poder y reflexiona sobre si Franco permitió estas prácticas ocultistas como un medio de mantener el control sobre sectores clave de la sociedad española.

La actividad de las sectas esotéricas durante el régimen de Franco

A pesar de la represión y vigilancia constantes del régimen franquista, las sectas esotéricas encontraron la manera de mantenerse activas, aunque de forma clandestina. La Sociedad Teosófica, por ejemplo, fue una de las organizaciones ocultistas que sobrevivió al franquismo. La teosofía, fundada en el siglo XIX por Helena Petrovna Blavatsky, defendía una fusión de religiones y creencias espirituales que incluían elementos del hinduismo, budismo, cristianismo, y tradiciones esotéricas occidentales. Aunque la teosofía era oficialmente perseguida por el régimen, en parte por su asociación con ideas liberales y progresistas, sus enseñanzas seguían atrayendo a intelectuales y figuras de la aristocracia española.

Una de las figuras claves vinculadas a la teosofía fue Eduardo Alfonso, un intelectual y médico español que difundió las enseñanzas teosóficas durante la Segunda República. Aunque fue perseguido y exiliado durante el franquismo, Alfonso mantuvo contactos con teósofos en Madrid y Barcelona, ciudades donde las ideas esotéricas seguían circulando de forma limitada. Estos grupos se reunían en privado y mantenían sus actividades lejos del ojo público para evitar la represión estatal. Las enseñanzas teosóficas atraían especialmente a personas que buscaban una forma de espiritualidad que fuera más allá del catolicismo tradicional que dominaba el panorama religioso oficial.

Otro grupo esotérico que sobrevivió durante la dictadura fue el Martinismo, una corriente mística cristiana de origen francés que se remontaba al siglo XVIII. Esta secta, fundada por Louis Claude de Saint-Martin, defendía la existencia de una sabiduría secreta transmitida a través de los siglos, con una fuerte influencia de la Cábala y las tradiciones cristianas esotéricas. A pesar de que los martinistas fueron perseguidos por el franquismo, algunos de sus adeptos continuaron sus actividades en la clandestinidad, manteniendo contacto con otras logias europeas y latinoamericanas.

Los martinistas estaban especialmente presentes en sectores de la aristocracia española y en algunos círculos militares, donde las enseñanzas esotéricas sobre el poder divino y la iniciación secreta tenían una resonancia particular. Algunos historiadores han especulado que ciertos generales franquistas, vinculados al martinismo, practicaban rituales de iniciación secreta en círculos cerrados, buscando obtener poder espiritual y político. Aunque estas prácticas no fueron nunca reconocidas oficialmente, hay indicios de que el martinismo jugó un papel en la cultura esotérica de la dictadura.

La influencia de grupos ocultistas en los círculos políticos y militares

A pesar de la postura oficial de la dictadura franquista en favor del catolicismo, algunos militares y políticos vinculados al régimen mantuvieron un interés en las creencias esotéricas y ocultistas. Estos grupos ocultistas influyeron en ciertos aspectos del régimen, especialmente en la forma en que se construyó la identidad simbólica del franquismo y en el uso de rituales y símbolos que evocaban una dimensión mística de poder.

Uno de los ejemplos más claros de esta influencia es el uso del yugo y las flechas, un símbolo que fue adoptado por la Falange Española y que luego se convirtió en un emblema del franquismo. Aunque el yugo y las flechas se remontan a los Reyes Católicos, la forma en que fueron utilizados bajo el franquismo tenía una connotación mística. Para algunos falangistas y militares, este símbolo no solo representaba la unidad de España, sino también un poder ancestral que conectaba a la nación con sus raíces sagradas. La simbología utilizada por el régimen evocaba la idea de que Franco no solo era un líder político, sino también un «elegido» por fuerzas superiores para salvar a la nación.

En este contexto, algunos militares de alto rango y miembros de la Falange vieron en el esoterismo una forma de fortalecer su control sobre las masas. Se dice que algunos oficiales practicaban ritos privados basados en enseñanzas esotéricas y que utilizaban amuletos y talismanes como formas de protección espiritual en sus funciones de liderazgo. Este uso de lo oculto y lo simbólico resonaba con las ideas esotéricas promovidas por los nazis, particularmente por Heinrich Himmler y la Ahnenerbe, quienes también creían en la existencia de un poder espiritual y ancestral que podía ser canalizado a través de rituales.

Además, la influencia del ocultismo en la cultura política franquista también se vio reflejada en la presencia de ciertos grupos de poder vinculados al tradicionalismo y a la Falange que defendían la idea de una España unida por un destino espiritual. Estos grupos veían en la figura de Franco no solo a un líder militar y político, sino a un salvador que cumplía un papel místico en la historia de España. La creencia en la «misión divina» de Franco se alimentaba de ideas esotéricas sobre el destino, la providencia y el poder espiritual, que circulaban entre ciertos sectores del régimen.

El papel de la Falange y el tradicionalismo en la promoción de prácticas esotéricas

La Falange Española, el partido fascista que apoyó a Franco durante la Guerra Civil, jugó un papel importante en la promoción de prácticas esotéricas y simbólicas dentro del régimen. Aunque la Falange se presentaba como defensora del catolicismo, algunas de sus ideas estaban fuertemente influenciadas por el misticismo político europeo, especialmente el fascismo italiano y el nazismo, donde el esoterismo ocupaba un lugar destacado.

El concepto de nación como una entidad espiritual y mística fue central en la retórica falangista. Para muchos falangistas, España no era solo un país, sino una «nación sagrada» con una misión histórica predestinada. Este tipo de retórica, impregnada de misticismo, resonaba con ideas esotéricas que veían en la nación un reflejo de las fuerzas cósmicas. En este sentido, los falangistas promovieron el uso de símbolos y rituales que conectaban el destino político de España con una dimensión trascendental.

Un ejemplo claro de esta promoción de prácticas esotéricas fue la adopción de ceremonias y rituales simbólicos en los actos públicos del régimen. Estos rituales, como las mismas de campaña y los juramentos de fidelidad a la patria, estaban cargados de simbolismo y tenían como objetivo reforzar la idea de que los falangistas y militares no solo luchaban por España, sino que estaban conectados con una misión divina. Aunque estos rituales se enmarcaban oficialmente en el catolicismo, su carácter simbólico y su enfoque en el sacrificio y la entrega total a la nación tenían resonancias esotéricas que recuerdan a los rituales místicos de las sectas europeas.

Además, el tradicionalismo, que defendía un retorno a los valores y estructuras de la España preliberal, también jugó un papel en la promoción de ideas esotéricas. Ramón Serrano Suñer, cuñado de Franco y uno de los arquitectos del régimen franquista, era un ferviente defensor del tradicionalismo y promovió la idea de que España debía volver a sus raíces espirituales para recuperar su grandeza. Serrano Suñer estaba fascinado por el simbolismo religioso y apoyó la restauración de ciertas ceremonias que evocaban el poder místico de la monarquía y la Iglesia.

¿Permitió Franco la actividad de sectas para mantener su control?

Una de las preguntas más intrigantes es si Franco permitió, de manera tácita, la existencia de sectas esotéricas y ocultistas como una estrategia para mantener el control sobre ciertos sectores de la sociedad. A lo largo de su régimen, Franco demostró ser un líder pragmático que supo combinar diferentes fuerzas para consolidar su poder, y algunos historiadores han sugerido que su actitud hacia las sectas ocultistas formaba parte de una estrategia más amplia de manipulación simbólica y espiritual.

Por un lado, el régimen reprimía cualquier actividad espiritual o esotérica que desafiara la ortodoxia católica o que pudiera representar una amenaza política. Sin embargo, Franco era consciente del poder que las creencias esotéricas tenían sobre ciertos sectores de la población, especialmente en los círculos militares y aristocráticos. Permitir la existencia limitada de estas prácticas ocultistas, siempre bajo una estricta vigilancia, pudo haber sido una forma de controlar a aquellos que buscaban formas alternativas de poder espiritual.

La figura de Franco, cuidadosamente construida como un líder carismático y trascendental, se beneficiaba de la presencia de estas creencias. El uso de rituales, símbolos y ceremonias cargadas de misticismo ayudó a proyectar una imagen de Franco como un líder invulnerable y elegido por el destino. Esta proyección de poder simbólico, combinada con la represión física de sus enemigos, contribuyó a la consolidación de su autoridad a lo largo de las casi cuatro décadas que estuvo en el poder.

En conclusión, la relación entre el franquismo y el esoterismo fue más compleja de lo que se ha reconocido tradicionalmente. Aunque el régimen se presentaba como defensor del catolicismo, la influencia de sectas esotéricas y ocultistas en los círculos políticos y militares sugiere que el esoterismo desempeñó un papel más importante de lo que se pensaba. Este capítulo ha explorado cómo las sectas ocultistas sobrevivieron durante la dictadura, influyeron en ciertos sectores del régimen y cómo Franco pudo haber permitido estas prácticas como una forma de consolidar su control sobre la sociedad española.

CAPÍTULO 4: FRANCO, EL VATICANO Y EL OPUS DEI

Durante el régimen franquista, la relación de Francisco Franco con la Iglesia Católica y, en particular, con el Vaticano y el Opus Dei, jugó un papel crucial en la consolidación de su poder. En este capítulo se analizará cómo Franco utilizó la religión como una herramienta política, cómo la relación con el Vaticano fue una alianza estratégica que consolidó la legitimidad del régimen y, finalmente, cómo el Opus Dei influyó en la política franquista, contribuyendo a la creación de un Estado católico ultraconservador. Este análisis permitirá entender si el uso de la religión por parte de Franco respondía a un control espiritual sobre la sociedad o si se trataba, en última instancia, de un instrumento de poder político.

La relación entre Franco y el Vaticano: alianzas estratégicas

La relación entre Francisco Franco y el Vaticano fue uno de los pilares fundamentales en la legitimación de su régimen, especialmente después de la victoria en la Guerra Civil Española (1936-1939). Franco siempre se presentó como un defensor del catolicismo, construyendo la narrativa de que su victoria en la guerra había sido una «cruzada» contra el comunismo, el ateísmo y la anarquía, una idea que resonó profundamente en la Iglesia Católica.

El Vaticano, bajo el papado de Pío XII (1939-1958), vio en Franco a un aliado natural contra las fuerzas del comunismo, que en ese momento se extendían por Europa. Pío XII había sido testigo del auge del comunismo en Rusia y del avance de las ideologías marxistas en Europa, por lo que apoyó a Franco como el baluarte de la defensa católica en Occidente. En 1939, el Vaticano reconoció oficialmente al régimen de Franco, brindándole el apoyo diplomático y moral que necesitaba para consolidar su autoridad tanto en España como en el ámbito internacional.

Franco, por su parte, aprovechó esta alianza estratégica para proyectar una imagen de legitimidad y respeto hacia el exterior. La Iglesia Católica fue una aliada clave en la construcción del nacionalcatolicismo, la ideología que combinaba el nacionalismo español con la doctrina católica. A cambio, Franco ofreció a la Iglesia un papel preponderante en la sociedad española, otorgándole un control casi absoluto sobre la educación, la moral pública y la censura. La alianza entre Franco y el Vaticano se formalizó a través del Concordato de 1953, que otorgaba privilegios extraordinarios a la Iglesia en España y reforzaba la legitimidad del régimen.

El Concordato establecía, entre otras cosas, la exención de impuestos para la Iglesia, la obligatoriedad de la enseñanza religiosa en las escuelas y el control de la Iglesia sobre la moral pública. Esta relación con el Vaticano permitió a Franco consolidar su imagen como el «caudillo» que protegía a España de las ideologías extranjeras y del avance del laicismo, al tiempo que garantizaba la seguridad y estabilidad de la Iglesia en un mundo cada vez más hostil para las instituciones religiosas.

La influencia del Vaticano en el régimen franquista fue considerable, y el apoyo de la Iglesia Católica fue clave para la estabilidad del régimen durante las primeras décadas de la dictadura. Aunque esta relación experimentó altibajos—particularmente con el Concilio Vaticano II (1962-1965), que introdujo reformas modernizadoras en la Iglesia que chocaban con el carácter conservador del franquismo—Franco siempre mantuvo una alianza estratégica con el Vaticano, reconociendo el poder simbólico y político que la Iglesia tenía en la sociedad española.

La influencia del Opus Dei en la política franquista

Si bien la relación de Franco con la Iglesia Católica fue vital para su legitimación, uno de los movimientos religiosos más influyentes en la política franquista fue el Opus Dei. Fundado en 1928 por Josemaría Escrivá de Balaguer, el Opus Dei fue una organización que promovió una visión estrictamente conservadora del catolicismo, basada en la santificación del trabajo y en una espiritualidad laica y elitista. A lo largo de los años, el Opus Dei se convirtió en una de las instituciones más poderosas y controvertidas dentro del régimen franquista.

La influencia del Opus Dei en la política franquista se consolidó especialmente a partir de la década de 1950, cuando miembros del Opus comenzaron a ocupar cargos clave en el gobierno, particularmente en el ámbito económico. En medio del aislamiento internacional y la crisis económica que afectaba a España en los años posteriores a la Segunda Guerra Mundial, Franco se dio cuenta de la necesidad de modernizar la economía española, y recurrió a los llamados «tecnócratas» del Opus Dei, quienes aportaron una visión pragmática y modernizadora, aunque profundamente conservadora.

Uno de los principales representantes de este grupo fue Alberto Ullastres, un miembro del Opus Dei que fue nombrado ministro de Comercio en 1957 y jugó un papel fundamental en la implementación del Plan de Estabilización de 1959, que abrió la economía española al exterior y marcó el inicio del llamado «milagro económico español». Otros miembros influyentes del Opus, como Laureano López Rodó y Gregorio López Bravo, también ocuparon puestos de alto nivel en el gobierno, impulsando políticas económicas y sociales que modernizaron España, pero siempre bajo un estricto control conservador.

La influencia del Opus Dei en el gobierno franquista fue controvertida, ya que algunos sectores de la Falange veían a los tecnócratas del Opus como una amenaza para el proyecto fascista que había caracterizado a los primeros años del régimen. A medida que el Opus Dei ganaba poder, se desarrollaron tensiones internas en el régimen, con la Falange y otros sectores tradicionales resistiéndose a la creciente influencia de este grupo elitista y espiritual.

Sin embargo, Franco permitió que el Opus Dei consolidara su poder en el gobierno, reconociendo que los tecnócratas del Opus eran clave para la modernización de

España y para mantener la estabilidad del régimen. Aunque el Opus no representaba la totalidad del aparato gubernamental, su influencia en la política económica y social fue determinante en la evolución del régimen franquista, y su visión ultraconservadora del catolicismo tuvo un profundo impacto en la configuración del Estado.

¿Control espiritual o poder político? Franco y la religión como herramienta de poder

A lo largo de su dictadura, Franco utilizó la religión como una herramienta fundamental para mantener el control sobre la sociedad española. Si bien su alianza con el Vaticano y su apoyo al Opus Dei fueron esenciales para consolidar su poder, la pregunta clave es si Franco veía en la religión una forma de control espiritual sobre la población o si, en última instancia, se trataba de un instrumento de poder político.

Franco se presentó a sí mismo como un líder profundamente católico, defensor de los valores tradicionales y del orden cristiano. Sin embargo, muchos historiadores han señalado que su uso de la religión fue más pragmático que espiritual. Para Franco, el catolicismo no solo era una cuestión de fe personal, sino una herramienta política que le permitía legitimar su régimen, uniendo su liderazgo con la idea de un «destino divino» que protegía a España de las ideologías extranjeras y subversivas.

El nacionalcatolicismo, la ideología que dominó el régimen franquista, fusionaba el catolicismo con el nacionalismo español, creando una narrativa en la que Franco era el «elegido» para salvar a España de la decadencia moral y política. El uso de rituales católicos en ceremonias de Estado, la presencia constante de la Iglesia en la vida pública y la promoción de la educación religiosa fueron formas de consolidar esta narrativa.

Sin embargo, a medida que el régimen evolucionaba, quedó claro que Franco no estaba dispuesto a ceder el control total a la Iglesia. A pesar de su alianza con el Vaticano y el Opus Dei, Franco mantuvo un equilibrio cuidadoso entre el poder eclesiástico y su propia autoridad. La religión fue utilizada como una herramienta de control social y político, pero siempre bajo la supervisión del Estado, lo que permitió a Franco mantener su poder absoluto sin que la Iglesia llegara a convertirse en un actor independiente que pudiera desafiarlo.

El papel del Opus en la creación de un Estado católico ultraconservador

El Opus Dei desempeñó un papel crucial en la creación de un Estado católico ultraconservador durante el régimen franquista. A través de su influencia en las políticas económicas, sociales y culturales, el Opus Dei ayudó a consolidar un modelo de gobierno en el que los valores tradicionales católicos eran promovidos como la base de la identidad nacional y moral de España.

Una de las áreas en las que el Opus Dei tuvo mayor influencia fue en la educación. Bajo el control de los tecnócratas del Opus, se promovió una reforma educativa que enfatizaba la enseñanza de los valores católicos en las escuelas y universidades. El Opus también jugó un papel importante en la creación de nuevas instituciones educativas, como la Universidad de Navarra, que se convirtió en un bastión del pensamiento católico conservador y en un centro de formación para las élites políticas y económicas del régimen.

El Opus Dei también influyó en la censura y el control de los medios de comunicación, asegurándose de que la moral católica y los valores conservadores se mantuvieran en el centro de la vida pública. A través de su red de contactos y su presencia en el gobierno, el Opus Dei promovió una visión de España como una nación cristiana destinada a defender los valores tradicionales frente a las influencias extranjeras y modernizadoras que amenazaban la unidad moral del país.

En resumen, la relación entre Franco, el Vaticano y el Opus Dei fue fundamental en la construcción y consolidación del régimen franquista. Franco utilizó la religión, no solo como una cuestión de fe personal, sino como una herramienta estratégica para mantener el control social y político sobre España. La influencia del Opus Dei, con su visión ultraconservadora del catolicismo, jugó un papel crucial en la creación de un Estado que promovía los valores tradicionales, al tiempo que modernizaba la economía y garantizaba la estabilidad del régimen. Aunque el uso de la religión fue esencialmente pragmático, la alianza entre Franco, el Vaticano y el Opus Dei consolidó un modelo de poder que perduró hasta el final de la dictadura.

CAPÍTULO 5: LEYENDAS NEGRAS: FRANCO Y LA MAGIA NEGRA

Francisco Franco, como figura autoritaria y longeva, no solo dominó la vida política española durante casi 40 años, sino que también se vio envuelto en una serie de mitos y leyendas que lo presentaban como una figura sobrenaturalmente protegida, invulnerable e incluso vinculada a la magia negra. Este capítulo explora los rumores sobre sus posibles conexiones con la magia negra, las historias populares que surgieron durante su dictadura sobre rituales ocultos, y cómo estos mitos contribuyeron a la creación de una imagen de Franco como un líder invulnerable, cuya salud y longevidad parecían desafiar lo natural. Al profundizar en estos relatos, veremos cómo se construyó una narrativa esotérica en torno a la figura del dictador.

Rumores sobre los vínculos de Franco con la magia negra

Desde los primeros años de su gobierno, circularon rumores que vinculaban a Franco con prácticas ocultas, incluyendo la magia negra. Estos rumores, aunque nunca confirmados, reflejaban la profunda fascinación popular con la figura de Franco y su capacidad aparentemente sobrehumana para mantenerse en el poder durante tanto tiempo. El hecho de que Franco, a pesar de los múltiples intentos de asesinato y la inestabilidad política que rodeaba su régimen, continuara gobernando con una salud relativamente estable hasta su muerte en 1975, alimentó la idea de que estaba protegido por alguna fuerza sobrenatural.

Uno de los rumores más persistentes fue que Franco había recurrido a la magia negra para protegerse de sus enemigos y garantizar su control sobre España. Según estos relatos, Franco había consultado a hechiceros, brujas o practicantes de esoterismo para realizar rituales de protección. Se decía que estos rituales le otorgaban inmunidad frente a los intentos de asesinato y que su longevidad no era producto de su buen estado de salud, sino de su participación en prácticas oscuras. Estas historias circularon especialmente entre los sectores más críticos del régimen y en la clandestinidad, alimentadas por el aura de misterio que siempre rodeó la figura del dictador.

El hecho de que Franco evitara la exposición pública excesiva, mantuviera un control absoluto sobre su imagen y cultivara una personalidad fría y distante contribuyó a estos rumores. La falta de acceso a información sobre su vida privada y su salud, junto con la ausencia de transparencia en su gobierno, dejó espacio para que surgieran todo tipo de especulaciones esotéricas. Al no haber información oficial que desmintiera estos rumores, las leyendas sobre los vínculos de Franco con la magia negra siguieron creciendo, especialmente en los años más oscuros de su dictadura.

Historias populares sobre rituales ocultos en la dictadura

En el imaginario popular, la dictadura de Franco no solo fue una era de represión política, sino también un período marcado por extrañas historias de rituales ocultos que tenían lugar en los círculos cercanos al poder. Aunque la dictadura franquista se presentaba como una defensora del catolicismo tradicional, algunas leyendas sugerían que, en las sombras, ciertos miembros del régimen participaban en prácticas esotéricas y ocultas.

Uno de los lugares mencionados en estas leyendas era El Pardo, el palacio donde Franco vivió durante gran parte de su dictadura. Según algunas historias, en los sótanos de El Pardo se celebraban rituales secretos, en los que participaban no solo Franco, sino también otros altos funcionarios del régimen. Se decía que estos rituales tenían como objetivo reforzar el poder de Franco y garantizar su protección frente a las amenazas externas e internas.

Otras leyendas hablaban de extraños eventos que ocurrían en los valles y montañas de la Sierra de Guadarrama, cerca de Madrid, donde algunos miembros del régimen supuestamente realizaban rituales esotéricos bajo la supervisión de figuras místicas. Aunque nunca se encontraron pruebas concretas de estos eventos, estas historias formaban parte del folclore popular que intentaba explicar cómo Franco había logrado mantenerse en el poder durante tanto tiempo, desafiando las numerosas dificultades que enfrentó a lo largo de su gobierno.

También se mencionaba la posible participación de santeros y practicantes de Palo Monte de origen africano, cuyos rituales habrían llegado a España a través de las antiguas colonias. Aunque estas historias son difíciles de verificar, su existencia reflejaba el deseo popular de encontrar explicaciones sobrenaturales para el éxito y la longevidad de Franco. Las conexiones entre el régimen franquista y prácticas esotéricas o rituales ocultos eran vistas por muchos como una forma de comprender cómo Franco había logrado resistir tantos intentos de derrocamiento.

La longevidad y salud de Franco:
¿Protección mágica o pura suerte?

Uno de los aspectos más fascinantes de la figura de Franco fue su longevidad y salud relativamente estable, lo que contribuyó a que surgieran mitos sobre una protección mágica que lo rodeaba. Franco murió a los 82 años, después de haber gobernado España durante casi cuatro décadas, y a lo largo de su vida, su estado de salud se mantuvo sorprendentemente robusto, especialmente para un líder que enfrentaba constantes amenazas y un país en ruinas tras la Guerra Civil.

El hecho de que Franco sobreviviera a varios intentos de asesinato y al colapso de la Alemania nazi, su principal aliado, reforzó la percepción de que estaba protegido por una especie de «poder superior». Los servicios de inteligencia de la República, e incluso potencias extranjeras, intentaron en varias ocasiones atentar contra su vida, pero Franco logró escapar de todas ellas ileso. La Crisis de Gibraltar en 1940, cuando algunos esperaban que Franco se involucrara en la Segunda Guerra Mundial del lado del Eje, fue uno de los momentos en que su astucia política lo mantuvo fuera de un conflicto que podría haber resultado en su caída.

Aunque los historiadores modernos tienden a atribuir su longevidad a la pura suerte, la protección de su círculo militar más cercano y la disciplina que Franco mantenía en su vida privada, las leyendas populares sugieren una dimensión esotérica. Según algunos rumores, Franco llevaba amuletos o participaba en rituales de protección que lo mantenían a salvo. Se decía que incluso contaba con la ayuda de hechiceros o santeros que realizaban rituales de protección sobre él.

Estas historias se reforzaron en la década de 1960, cuando la salud de Franco comenzó a deteriorarse. Incluso entonces, su aparente resistencia a la enfermedad y su capacidad para continuar gobernando en un momento en que muchos esperaban su muerte contribuyó a la construcción del mito. La longevidad de Franco fue vista por algunos como un signo de que estaba protegido por fuerzas más allá de lo natural, lo que le permitía desafiar el paso del tiempo.

La creación del mito de Franco como figura invulnerable

La narrativa de la invulnerabilidad de Franco fue cuidadosamente construida por el régimen franquista como parte de la propaganda oficial. Desde los primeros días de la dictadura, Franco fue presentado como una figura paternal y protectora, un «caudillo» elegido por la providencia divina para guiar a España. Esta imagen se reforzaba mediante la utilización de símbolos religiosos y mitos nacionales que vinculaban su liderazgo con un destino sagrado.

La propaganda franquista alentaba la idea de que Franco era una figura predestinada, protegida por la fe católica y por un destino especial. Los carteles y publicaciones oficiales mostraban a Franco como un hombre fuerte y resuelto, que se mantenía inquebrantable frente a las adversidades. Las victorias del régimen, tanto militares como políticas, fueron retratadas como pruebas de la invulnerabilidad de su liderazgo. Incluso la derrota de Hitler y Mussolini no afectó a la imagen de Franco como un líder protegido, lo que contribuyó a que la leyenda creciera.

Este mito de invulnerabilidad también se alimentó de la cercanía de Franco con la religión. Su relación con el Vaticano, el papel del Opus Dei en la política y su constante referencia a la providencia divina consolidaron la idea de que Franco estaba guiado por un propósito superior. A través de ceremonias religiosas, Franco se presentaba como un líder bendecido por Dios, lo que reforzaba la percepción de que su longevidad y éxito no eran meras coincidencias.

El hecho de que sobreviviera a varios atentados, como los planeados por la resistencia republicana y los anarquistas, así como su capacidad para mantenerse en el poder durante momentos de gran inestabilidad internacional, solo añadió más peso a la leyenda de su invulnerabilidad. Incluso después de su muerte en 1975, el mito de Franco como una figura predestinada continuó siendo parte del imaginario popular en España.

En conclusión, las leyendas negras que vinculan a Franco con la magia negra y los rituales ocultos reflejan el deseo popular de encontrar explicaciones sobrenaturales para el prolongado éxito y la longevidad del dictador. Aunque no hay pruebas concluyentes de que Franco estuviera involucrado en prácticas esotéricas, los rumores y las historias que surgieron durante su dictadura muestran cómo su figura fue absorbida por un aura de misterio y poder sobrenatural. La construcción del mito de Franco como una figura invulnerable, capaz de desafiar tanto a sus enemigos políticos como al tiempo, fue clave para la perpetuación de su régimen y su legado en la historia de España.

CAPÍTULO 6: EL ESOTERISMO EN LA GUERRA CIVIL ESPAÑOLA

La Guerra Civil Española (1936-1939) fue uno de los conflictos más devastadores y polarizadores en la historia de España. A medida que se desataba la lucha entre republicanos y nacionalistas, las creencias esotéricas y el simbolismo místico jugaron un papel importante en la narrativa de la contienda. Mientras que la mayoría de los historiadores han enfocado su análisis en los aspectos políticos y militares, existe una dimensión menos explorada: el esoterismo y su impacto en los acontecimientos de la guerra. Este capítulo examina cómo la magia, el ocultismo y las profecías influyeron en la Guerra Civil, las creencias sobre la victoria predestinada de Franco, el uso de símbolos en las campañas militares y cómo estas creencias esotéricas moldearon la estrategia militar franquista.

La creencia en la magia y el ocultismo durante la Guerra Civil

Durante la Guerra Civil Española, las creencias esotéricas y ocultas circularon tanto entre los combatientes como entre la población civil, quienes buscaban respuestas y protección en un momento de incertidumbre y desesperación. En una España fracturada por la guerra, el recurso a lo sobrenatural no era inusual, ya que muchos combatientes y ciudadanos sentían que las fuerzas espirituales jugaban un papel en el resultado del conflicto.

En el lado nacionalista, las creencias en el destino predestinado de la «España eterna» fueron alentadas por la retórica de la Iglesia Católica y los líderes del bando franquista. Franco y sus seguidores no solo veían la guerra como un conflicto político, sino como una cruzada espiritual para salvar a España del comunismo y el ateísmo, lo que resonaba con la visión de un conflicto cósmico entre el bien y el mal. Esta retórica impregnada de misticismo reforzó la percepción de que las fuerzas sobrenaturales estaban actuando a favor de Franco.

Del mismo modo, algunos relatos históricos sugieren que ciertos líderes militares, incluidos los generales nacionales, creían en el poder de los amuletos y talismanes para proteger a los soldados en el campo de batalla. Existen testimonios de soldados que llevaban medallas religiosas o símbolos místicos para protegerse del fuego enemigo. Estos objetos no solo tenían un valor espiritual, sino que también fortalecían la moral de los combatientes, quienes se sentían invulnerables ante el enemigo gracias a la protección divina.

En el bando republicano, aunque menos vinculado a la religión, también hubo recurrencias al ocultismo. Los sectores anarquistas y comunistas, a pesar de su enfoque laico, a menudo compartían una fascinación por las profecías y el destino, creyendo que la lucha contra el fascismo era parte de una transformación global que traería una nueva era de libertad y justicia. En medio de la desesperanza, algunos recurrieron a adivinos, espiritistas y otros practicantes ocultos para buscar orientación o respuestas sobre el futuro de la contienda.

Las profecías de la victoria franquista: visiones y augurios esotéricos

A lo largo de la Guerra Civil, surgieron numerosas profecías y visiones que auguraban la victoria de Franco y los nacionalistas. La creencia en que la victoria franquista estaba predestinada se extendió tanto entre los combatientes como entre la población civil, que veía en la figura de Franco a un «elegido» que había sido bendecido por la providencia divina para restaurar el orden en España.

Uno de los ejemplos más conocidos de estas profecías fue la figura de Sor Patrocinio, una monja que había sido una de las visionarias más influyentes del siglo XIX en España. Aunque Sor Patrocinio había muerto mucho antes de la Guerra Civil, algunas de sus profecías fueron reinterpretadas durante el conflicto como señales de la victoria franquista. Según sus seguidores, la monja había predicho una gran guerra en España y la llegada de un líder que restauraría la «España católica». Estas interpretaciones de sus profecías se difundieron entre los nacionalistas, reforzando la creencia de que Franco estaba destinado a gobernar.

Además, en algunos círculos nacionalistas se hablaba de visiones esotéricas que auguraban el triunfo de Franco, a menudo vinculadas a apariciones de la Virgen María o de santos protectores de España. En particular, la Virgen del Pilar, patrona de Zaragoza, fue una figura central en las visiones de protección y victoria. Según relatos populares, la Virgen del Pilar había prometido proteger a los soldados franquistas en el frente, y muchos combatientes llevaban consigo medallas de la Virgen como símbolo de esta protección.

Estas profecías y visiones no solo sirvieron para reforzar la moral de los soldados franquistas, sino que también ayudaron a consolidar el poder de Franco como una figura predestinada. La creencia en que su victoria había sido anunciada por fuerzas superiores permitió que su liderazgo fuera visto como algo más que el resultado de una estrategia militar exitosa; se le veía como un líder que cumplía un destino divino.

El simbolismo en las campañas militares: el águila, la cruz y los amuletos

El uso de símbolos esotéricos y religiosos fue una parte esencial de la estrategia propagandística y militar del bando franquista durante la Guerra Civil. Los símbolos no solo se utilizaban para unificar a las tropas, sino que también servían para proyectar la idea de que el ejército franquista estaba protegido por fuerzas espirituales y místicas.

Uno de los símbolos más destacados fue el águila de San Juan, que se convirtió en un emblema del franquismo. El águila, que tenía connotaciones religiosas y esotéricas, era visto como un símbolo de poder y protección. En la tradición cristiana, el águila de San Juan representa la visión y la fuerza, y su adopción por parte del régimen franquista fue interpretada como una afirmación de que Franco era el elegido para guiar a España hacia su redención. Este símbolo se utilizaba en estandartes, medallas y documentos oficiales, contribuyendo a la idea de que el bando nacionalista estaba bajo la protección de lo divino.

Otro símbolo clave fue la cruz, que fue ampliamente utilizada en las campañas militares franquistas. Franco y sus generales presentaban la guerra como una cruzada religiosa, y la cruz se convirtió en un símbolo omnipresente en las unidades militares y en los actos públicos. Además, muchos soldados llevaban cruces, rosarios y medallas religiosas que, más allá de su significado espiritual, también se consideraban amuletos de protección en el campo de batalla.

La importancia de los amuletos y símbolos protectores en las campañas militares franquistas también era significativa. Existen relatos de soldados que llevaban consigo objetos como medallas de santos, cruces bendecidas por sacerdotes y relicarios, creyendo firmemente que estos objetos les protegían del peligro. Estas prácticas, aunque profundamente religiosas, también tenían un componente esotérico, ya que reforzaban la creencia de que los combatientes estaban bajo la protección de fuerzas invisibles y sobrenaturales.

En el bando republicano, aunque con menos enfoque religioso, también se utilizaban símbolos místicos. El uso del puño cerrado como gesto de poder y resistencia, y los estandartes con colores rojos y negros, evocaban la lucha revolucionaria global y la idea de una nueva era que estaba por llegar. Aunque estos símbolos tenían un significado más político que espiritual, no dejaban de estar cargados de una energía mística que inspiraba a los combatientes.

El impacto de las creencias esotéricas en la estrategia militar franquista

La creencia en lo esotérico y lo místico tuvo un impacto real en la estrategia militar franquista. Franco, que se veía a sí mismo como un elegido por la providencia, utilizaba estas creencias como una herramienta para inspirar a sus tropas y para justificar las decisiones militares más arriesgadas. La idea de que la victoria de los nacionalistas estaba predestinada por fuerzas superiores le permitió adoptar estrategias audaces que, en otras circunstancias, podrían haber sido vistas como imprudentes.

Uno de los ejemplos más notables fue la Batalla del Ebro en 1938, la más larga y sangrienta de la Guerra Civil. Franco, convencido de que tenía el apoyo de la providencia divina, ordenó a sus tropas que lucharan con una tenacidad implacable, a pesar de las terribles bajas sufridas por ambos bandos. La narrativa oficial del régimen retrataba la victoria franquista en esta batalla como una prueba de que Dios estaba del lado de los nacionalistas, lo que reforzó la moral de las tropas y solidificó la imagen de Franco como un líder predestinado.

Otra área en la que las creencias esotéricas influyeron fue en la guerra psicológica. El bando franquista, consciente del impacto de los símbolos y las profecías en la mente de los combatientes, utilizaba estas narrativas para desmoralizar a las fuerzas republicanas. Se difundían rumores de que Franco estaba protegido por santos y que los intentos de asesinarlo fracasarían debido a su «escudo espiritual». Estas tácticas no solo debilitaban la moral de los republicanos, sino que también fortalecían la cohesión interna de los nacionalistas.

CAPÍTULO 7: FRANCO Y LA MAGIA BLANCA: BENDICIONES Y RELIQUIAS SAGRADAS

Francisco Franco no solo mantuvo una estrecha relación con la religión católica y el Vaticano, sino que también fue un firme creyente en el poder simbólico y místico de las reliquias sagradas y las bendiciones. A lo largo de su régimen, Franco utilizó la religión como una herramienta para reforzar su legitimidad, presentándose no solo como un líder político, sino también como un protector de la fe y un guardián de las tradiciones espirituales de España. En este capítulo, exploraremos cómo Franco se relacionó con las reliquias religiosas en España, las historias sobre bendiciones y objetos sagrados conectados con su poder, su devoción particular a la Virgen del Pilar, y cómo utilizó la religión popular para fortalecer su liderazgo.

La relación de Franco con las reliquias religiosas en España

Desde los primeros días de su gobierno, Franco cultivó una imagen de sí mismo como un defensor del catolicismo y un protector de las tradiciones religiosas de España. Esta narrativa fue fundamental para consolidar su poder, especialmente después de la Guerra Civil, cuando muchos españoles veían a Franco como el hombre que había salvado al país del «ateísmo» y el comunismo. En este contexto, las reliquias religiosas desempeñaron un papel crucial en la propaganda franquista y en la legitimación del régimen.

España tiene una rica tradición de reliquias, que van desde restos de santos hasta objetos vinculados a la pasión de Cristo. Durante la dictadura, Franco no solo apoyó activamente la veneración de estas reliquias, sino que también participó en ceremonias religiosas donde se exhibían y veneraban estos objetos sagrados. Uno de los ejemplos más destacados fue su presencia en la Santa Cueva de Covadonga, en Asturias, un lugar sagrado donde, según la leyenda, Pelayo, el primer rey cristiano de Asturias, derrotó a los musulmanes en la batalla que marcó el inicio de la Reconquista.

Franco visitó Covadonga en varias ocasiones, consciente del poder simbólico de esta reliquia, que encarnaba la lucha por la restauración de una España cristiana. Al asociarse con estos lugares y reliquias, Franco intentaba proyectar la imagen de que su propio gobierno representaba una continuidad con la misión histórica de los reyes cristianos de España. La vinculación con estos objetos sagrados fortaleció la percepción de que Franco tenía un destino divino y que su régimen era parte de un plan superior para restaurar el orden y la fe en España.

Otra reliquia de gran importancia con la que Franco estableció una conexión fue el Santo Cáliz de Valencia, considerado por algunos como el auténtico Santo Grial. Aunque no hay evidencia directa de que Franco creyera en la autenticidad de esta reliquia, el hecho de que permitiera y promoviera su veneración en ceremonias oficiales sugiere que entendía su valor simbólico. Al vincularse con el Santo Grial y otras reliquias, Franco reforzó la idea de que su régimen estaba alineado con una tradición sagrada y que él era el custodio de estos poderes espirituales.

Historias de bendiciones, objetos sagrados y su conexión con el poder

A lo largo de los años, surgieron numerosas historias sobre la relación de Franco con objetos sagrados y bendiciones que, según algunos relatos, le otorgaban protección y éxito en sus empresas. Estas historias, a menudo mezcladas con leyendas populares, contribuyeron a construir una imagen de Franco como una figura protegida y bendecida por lo divino.

Uno de los relatos más difundidos fue la creencia de que Franco había sido bendecido con una espada consagrada en ceremonias religiosas especiales. Se decía que, antes de algunas de sus campañas militares más importantes durante la Guerra Civil, Franco había recibido la bendición de espadas en altares importantes, lo que, según la leyenda, aseguraba su victoria. Estas bendiciones de armas, que tienen un simbolismo profundo en la tradición cristiana, conectaban a Franco con la figura del caballero cristiano, luchando por la fe y la patria.

Otro relato popular sobre objetos sagrados vinculado a Franco fue el de la Cruz de la Victoria, la misma cruz que, según la leyenda, llevó el rey Pelayo en su batalla contra los musulmanes. Franco, consciente del poder simbólico de esta reliquia, permitió que fuera exhibida en varias ceremonias durante su gobierno, como símbolo de la lucha entre el bien (representado por su régimen) y el mal (comunismo y ateísmo). Aunque no está claro si Franco creía literalmente en el poder de estos objetos, lo cierto es que los utilizó de manera estratégica para consolidar su imagen como defensor de la fe.

Además de objetos físicos, se dice que Franco también recibía bendiciones especiales de figuras clave en la Iglesia, incluyendo el Papa y obispos españoles. Estas bendiciones, muchas de las cuales fueron públicas, ayudaron a crear una percepción de que Franco estaba «ungido» por Dios para liderar España. Uno de los eventos más conocidos fue la Misa de Acción de Gracias celebrada en el Valle de los Caídos en 1959, un monumento que Franco construyó para honrar a los caídos en la Guerra Civil, pero que también simbolizaba la reconciliación bajo su régimen. Durante esta misa, Franco recibió la bendición de importantes prelados de la Iglesia, lo que consolidó aún más la idea de que estaba protegido por lo divino.

Franco y la Virgen del Pilar: el rol de la religión en su vida y poder

La Virgen del Pilar, patrona de Zaragoza y una de las advocaciones más veneradas de España, ocupó un lugar especial en la vida religiosa y política de Franco. Desde los primeros días de su carrera militar, Franco fue devoto de la Virgen del Pilar, y su devoción se profundizó durante la Guerra Civil, cuando la consideraba su protectora personal y de las tropas nacionalistas.

La Virgen del Pilar está vinculada a la tradición de la defensa de la fe católica en España, ya que, según la leyenda, fue ella quien apoyó a Santiago en la evangelización de la península. Para Franco, este simbolismo era clave, ya que reforzaba la narrativa de que su lucha contra los republicanos era una continuación de la batalla histórica por la salvación de España. Franco se presentó a sí mismo como un caballero de la Virgen del Pilar, un defensor de la fe que estaba destinado a proteger a España del comunismo, el anarquismo y el ateísmo.

Franco promovió la devoción a la Virgen del Pilar en ceremonias militares, y muchos de sus soldados llevaban medallas de la Virgen como talismanes protectores. La Iglesia apoyaba esta devoción, y la imagen de la Virgen del Pilar se convirtió en un símbolo poderoso de la causa franquista. La devoción de Franco por la Virgen también era evidente en su vida personal, ya que visitaba el santuario de Zaragoza en varias ocasiones, incluyendo durante momentos clave de su gobierno, para recibir su bendición.

El papel de la Virgen del Pilar en la vida de Franco no solo era una cuestión de fe personal, sino que también reforzaba su imagen pública como un líder religioso. La constante referencia a su protección divina ayudó a construir el mito de su invulnerabilidad y su destino providencial como gobernante de España. Al vincularse con la Virgen del Pilar, Franco reforzaba su legitimidad no solo como líder político, sino como un líder espiritual destinado a guiar a España hacia un futuro de fe y orden.

El uso de la religión popular para reforzar su legitimidad

Una de las estrategias más efectivas de Franco fue el uso de la religión popular para reforzar su legitimidad y consolidar su poder. Desde el inicio de su régimen, Franco entendió que la religión, especialmente en una sociedad tan profundamente católica como la española, podía ser una herramienta poderosa para conectar con las masas y presentar su gobierno como una continuación de la tradición y el orden cristiano.

El régimen franquista promovió la religión en todos los aspectos de la vida pública, desde la educación hasta los medios de comunicación. Las festividades religiosas, como la Semana Santa, se convirtieron en eventos de Estado, y Franco a menudo participaba en procesiones públicas para mostrar su devoción. Estas apariciones no solo mostraban a

Franco como un líder piadoso, sino que también transmitían la idea de que su gobierno estaba en sintonía con los valores religiosos del pueblo.

El uso de milagros y bendiciones también formaba parte de la narrativa oficial. A lo largo de los años, se difundieron historias sobre la intervención divina en momentos críticos del gobierno de Franco. Por ejemplo, después de un fallido atentado contra su vida en 1947, algunos medios controlados por el régimen sugirieron que la Virgen del Pilar había protegido a Franco del ataque, lo que reforzó aún más su imagen como un líder intocable, protegido por las fuerzas del cielo.

Además, Franco se aseguró de que las reliquias religiosas y los símbolos sagrados fueran una parte central de la propaganda oficial. Al vincular su régimen con estas tradiciones religiosas y místicas, Franco creó un sistema de poder simbólico que resonaba con los sectores más conservadores y religiosos de la sociedad española, quienes veían en él a un líder enviado por la providencia para restaurar el orden y la fe en España.

CAPÍTULO 8: FRANCO, EL PODER SOBRENATURAL Y LOS MITOS DE INVULNERABILIDAD

Francisco Franco fue una figura envuelta en mitos de poder sobrenatural y narrativas de invulnerabilidad que persistieron a lo largo de su vida y después de su muerte. La propaganda franquista, combinada con la devoción religiosa y las leyendas populares, contribuyó a la construcción de un Franco protegido por fuerzas superiores, ya sean divinas o esotéricas. En este capítulo, exploramos cómo se construyó esta imagen de Franco como un líder invulnerable, los múltiples intentos de asesinato que fracasaron, las reflexiones sobre su longevidad y muerte, y su impacto en la cultura esotérica española.

La construcción de Franco como un líder protegido por fuerzas sobrenaturales

Desde los primeros años de su ascenso al poder, la figura de Franco se envolvió en un aura de protección sobrenatural. Su rol en la Guerra Civil Española no solo fue presentado como el de un líder militar, sino como el de un caudillo enviado por la providencia para salvar a España del caos, la anarquía y el comunismo. A través de la narrativa del régimen, Franco fue retratado como un hombre guiado por un destino superior, elegido para restaurar la grandeza de España, y este mito se reforzó a lo largo de su vida política.

Uno de los principales elementos que consolidaron esta imagen fue la constante referencia a la providencia divina que, supuestamente, había protegido a Franco en momentos clave de su vida. Esta narrativa fue alimentada por la propaganda franquista y, a menudo, se apoyó en símbolos religiosos como la Virgen del Pilar, patrona de España y protectora de los ejércitos nacionalistas. Franco, ferviente devoto de la Virgen, siempre la mencionaba como su guía y protectora personal, lo que contribuyó a la percepción de que su liderazgo estaba bendecido por lo divino.

Además, las ceremonias religiosas que rodeaban a Franco, tanto en su vida privada como en los eventos públicos, reforzaban esta imagen de invulnerabilidad. En múltiples ocasiones, Franco participó en misas y procesiones donde se le presentaba como un líder ungido por Dios, un protector de la fe católica que estaba destinado a mantener el orden divino en España. Estas ceremonias, que a menudo involucraban la bendición de símbolos como espadas o cruces, le conferían un aura de poder espiritual que resonaba en una población profundamente religiosa.

La leyenda de su protección divina también se alimentaba de la insistencia del régimen en que Franco estaba a salvo de las fuerzas que intentaban desestabilizar España. La creencia en que estaba protegido por fuerzas superiores contribuyó a su estabilidad en el poder, ya que muchos creían que era imposible derrotar a un líder que contaba con el respaldo de Dios. En este contexto, su imagen pública estaba cuidadosamente controlada para reflejar una combinación de poder terrenal y protección celestial.

Los intentos de asesinato fallidos: protección divina o esotérica

Uno de los aspectos más fascinantes de la leyenda de invulnerabilidad de Franco son los múltiples intentos de asesinato fallidos que enfrentó a lo largo de su vida, lo que solo reforzó la creencia de que estaba protegido por alguna fuerza sobrenatural. A lo largo de su gobierno, se documentaron más de una decena de atentados contra su vida, todos los cuales terminaron en fracaso, lo que aumentó su aura de invulnerabilidad.

Uno de los intentos más conocidos fue el atentado del tren en la estación de Madrid-Chamartín en 1949, donde una bomba colocada en los rieles del tren que transportaba a Franco falló en su objetivo. Este y otros intentos fueron interpretados por algunos como pruebas de que Franco estaba protegido por una suerte extraordinaria, mientras que otros lo atribuían a una protección esotérica o divina. La propaganda franquista se encargó de magnificar estos eventos, presentándolos como señales de que el «Caudillo» tenía un destino especial que lo hacía inmune a las amenazas.

El fracaso de estos atentados alimentó las teorías de que Franco contaba con amuletos o bendiciones especiales que lo protegían de cualquier daño. En algunas ocasiones, se especuló que Franco llevaba medallas religiosas bendecidas por obispos, o que estaba rodeado de asesores espirituales que realizaban rituales para garantizar su seguridad. Estas narrativas formaron parte de la mitología popular en torno a su figura, lo que contribuyó a crear una atmósfera de misterio y poder sobrenatural en torno a él.

Además, algunos de sus colaboradores cercanos mencionaban la suerte y el destino como factores clave en la supervivencia de Franco. Este tipo de testimonios, sumado a la propaganda oficial, reforzaba la percepción de que Franco era invulnerable a cualquier intento de derrocarlo, ya fuera por fuerzas internas o externas. La idea de que Franco estaba predestinado a triunfar se convirtió en un pilar del régimen, fortaleciendo su control sobre España y debilitando la moral de sus enemigos.

La muerte de Franco: reflexiones sobre su inmortalidad mística

La muerte de Franco en 1975 marcó el final de una era en España, pero también suscitó numerosas reflexiones y mitos en torno a su longevidad y supuesta inmortalidad mística. A lo largo de su vida, Franco había sido visto por muchos como una figura inmortal, una imagen cuidadosamente cultivada a través de la propaganda, los símbolos religiosos y su aparente inmunidad a las amenazas.

Aunque finalmente murió de causas naturales, después de una larga enfermedad, su muerte fue vista por algunos como el fin de un ciclo profetizado, una conclusión natural a una vida predestinada. A pesar de su fallecimiento, la imagen de Franco como una figura invulnerable y casi inmortal continuó viva en ciertos sectores de la sociedad española. Incluso se llegó a sugerir que su muerte no había sido «natural», sino que estaba vinculada a un ciclo cósmico, una interpretación esotérica que alimentó aún más las leyendas sobre su figura.

El Valle de los Caídos, donde fue enterrado, se convirtió en un lugar de peregrinación para sus seguidores, un sitio cargado de simbolismo esotérico y místico. El monumento en sí, con su enorme cruz y su ubicación en un valle rodeado de montañas, fue percibido como un lugar de poder espiritual, lo que reforzó la idea de que la muerte de Franco no era el final de su influencia. La conexión entre Franco y el Valle de los Caídos se interpretó como una prolongación de su legado, no solo en lo político, sino también en lo espiritual.

Las reflexiones sobre su muerte también incluyeron interpretaciones religiosas. Algunos creían que Franco había sido llamado por Dios tras cumplir su misión de proteger a España, mientras que otros veían su muerte como el cumplimiento de una profecía histórica. En cualquier caso, su fallecimiento no hizo más que perpetuar la mitología en torno a su figura, asegurando que su legado continuaría influyendo en la política y la cultura españolas durante décadas.

El legado de Franco en la cultura esotérica española

Franco dejó una huella indeleble no solo en la historia política de España, sino también en la cultura esotérica y mística del país. A lo largo de los años, su figura ha sido objeto de numerosas interpretaciones esotéricas, que han alimentado la percepción de que Franco fue más que un simple dictador; fue un líder rodeado de fuerzas misteriosas que moldearon su destino.

En la cultura esotérica española, Franco ha sido comparado con figuras de la caballería medieval, héroes que luchaban por una causa sagrada, y en algunos círculos más extremos se le ha visto como una figura casi mitológica. El uso del simbolismo religioso y místico durante su gobierno, junto con las historias sobre su invulnerabilidad y protección divina, lo han convertido en un objeto de fascinación para aquellos interesados en lo oculto y lo sobrenatural.

El impacto de Franco en la cultura esotérica también se refleja en la forma en que su imagen ha sido reinterpretada en la literatura, el cine y la narrativa popular. A menudo, se le presenta como una figura enigmática, un líder cuya longevidad y éxito solo pueden explicarse mediante la intervención de fuerzas superiores. Esta fascinación por su figura ha dado lugar a una rica mitología en torno a su vida, que continúa siendo objeto de análisis en ciertos círculos esotéricos y académicos.

En resumen, el poder sobrenatural y los mitos de invulnerabilidad que rodearon a Francisco Franco formaron una parte esencial de su imagen pública y su legado. La narrativa de que estaba protegido por fuerzas divinas o esotéricas ayudó a consolidar su control sobre España y a desmoralizar a sus enemigos. Aunque su muerte marcó el fin de su gobierno, las leyendas en torno a su longevidad y protección divina continúan formando parte del imaginario colectivo y de la cultura esotérica española. Franco sigue siendo una figura envuelta en el misterio, cuyo legado va más allá de la política y se adentra en el reino de lo místico y lo oculto.

CAPÍTULO 9: LA SIMBOLOGÍA OCULTISTA EN EL RÉGIMEN DE FRANCO

El régimen de Francisco Franco, además de utilizar la represión política y la propaganda como herramientas para consolidar su poder, hizo un uso deliberado y calculado de la simbología. Estos símbolos no solo tenían una fuerte resonancia política y cultural, sino que también poseían capas de significado religioso y esotérico que ayudaron a consolidar el régimen bajo la apariencia de un destino providencial. Este capítulo explora los principales símbolos utilizados por el franquismo —el yugo, las flechas y la cruz—, así como el uso del simbolismo católico y esotérico en la construcción del poder franquista. Además, se analiza si estos símbolos y rituales fueron una coincidencia cultural o una estrategia consciente para apelar a fuerzas espirituales.

Símbolos franquistas con connotaciones esotéricas: el yugo, las flechas y la cruz

Uno de los emblemas más emblemáticos del franquismo fue el yugo y las flechas, que fue adoptado por la Falange Española de las JONS (fundada por José Antonio Primo de

Rivera en 1933) y más tarde por el régimen de Franco. Este símbolo fue tomado de la época de los Reyes Católicos, quienes lo utilizaban para representar la unión de Isabel de Castilla y Fernando de Aragón. Franco, profundamente consciente del peso simbólico e histórico del emblema, lo utilizó como un símbolo de la restauración de la unidad nacional bajo su liderazgo.

El yugo es un símbolo que tradicionalmente está asociado con la autoridad, el control y la subordinación. En el contexto histórico de los Reyes Católicos, el yugo representaba la unificación de las coronas de Castilla y Aragón, así como la consolidación del poder monárquico sobre España. En el franquismo, el yugo simbolizaba la unidad de la nación bajo un liderazgo autoritario que controlaba las diferentes facciones políticas y territoriales. En un contexto más esotérico, el yugo también se asocia con la capacidad de controlar fuerzas dispersas, tanto humanas como espirituales, para subordinarlas a un poder central. En este sentido, el yugo en el franquismo no solo tenía un significado político, sino que también evocaba la idea de una unificación espiritual y mística bajo la autoridad de Franco, quien fue presentado como el restaurador de un orden perdido.

Las flechas, por otro lado, evocaban la fuerza militar y la acción directa. Las cinco flechas cruzadas con el yugo representaban la unidad de acción de las fuerzas falangistas, pero también podían interpretarse en un sentido esotérico como flechas del destino. En varias tradiciones ocultistas y esotéricas, las flechas son símbolos de dirección, propósito y poder que provienen de una fuente superior. En este contexto, las flechas de la Falange podían ser vistas como un símbolo de protección y guía divina, apuntando hacia la redención y la restauración de España como una nación cristiana. Las flechas eran un símbolo del poder guiado por un propósito predestinado, y este simbolismo fue esencial en la narrativa del régimen.

Un tercer símbolo crucial en el régimen franquista fue la cruz, el emblema central del cristianismo. Franco, quien se autodenominaba defensor de la fe católica, utilizó la cruz en actos públicos, monumentos y propaganda oficial para simbolizar la lucha de su régimen contra el comunismo, el laicismo y otras ideologías que consideraba anticristianas. Sin embargo, la cruz también adquirió connotaciones esotéricas. El Valle de los Caídos, donde Franco fue enterrado, es un buen ejemplo del uso simbólico de la cruz como representación del sacrificio y la redención. La enorme cruz que corona el Valle de los Caídos no solo simbolizaba el sacrificio de los caídos en la Guerra Civil, sino que también conectaba a Franco con la tradición cristiana de los cruzados y, por extensión, con una misión espiritual superior para restaurar el orden divino en España.

El uso del simbolismo católico y esotérico para consolidar el régimen

Franco comprendió el poder de los símbolos religiosos y esotéricos para consolidar su régimen y crear una narrativa de legitimidad que conectara su liderazgo con las raíces históricas y espirituales de España. Desde los primeros días de su gobierno, Franco apeló a la religión popular y a los símbolos cristianos para fortalecer su autoridad, presentándose como el protector de la Iglesia y el salvador de España frente al «mal» del comunismo y el ateísmo. Sin embargo, su uso de la religión iba más allá de lo puramente político. A través del uso de símbolos religiosos cargados de connotaciones esotéricas, Franco creaba una imagen de sí mismo como un líder casi mítico, guiado por fuerzas superiores.

Uno de los símbolos más poderosos utilizados por el régimen franquista fue la figura de la Virgen del Pilar, patrona de España. Franco era profundamente devoto de la Virgen del Pilar, y a lo largo de su vida militar y política se aseguró de asociar su liderazgo con la protección divina de esta figura. En varias ocasiones, Franco afirmó que la Virgen del Pilar lo había protegido durante la Guerra Civil y que su victoria fue un resultado de su intercesión divina. Este tipo de afirmaciones reforzaban la idea de que su liderazgo estaba bendecido por Dios y que su poder no era solo político, sino también espiritual. La Virgen del Pilar fue utilizada de manera constante en ceremonias militares y en la propaganda oficial para consolidar la narrativa de que Franco estaba elegido por la providencia para salvar a España.

Otro aspecto clave del uso del simbolismo en el franquismo fue la construcción del Valle de los Caídos, que combinaba la iconografía cristiana con elementos de la simbología esotérica. El propio diseño del monumento, con su enorme cruz y su ubicación en un valle rodeado de montañas, evocaba un lugar de poder místico. El Valle de los Caídos no solo era un monumento conmemorativo, sino también un espacio que proyectaba una imagen de redención y sacrificio, vinculado a una visión trascendental del poder de Franco como redentor de la nación.

El uso de rituales y ceremonias religiosas en los actos públicos franquistas fue otra forma de reforzar esta narrativa. Los rituales que involucraban la bendición de armas, la participación en misas militares y las procesiones públicas eran prácticas comunes en el régimen y se utilizaban para proyectar una imagen de poder espiritual. Franco, al participar activamente en estos rituales, consolidaba su imagen de líder piadoso y destinado a guiar a España por un camino divino. En estos eventos, los símbolos católicos y las referencias esotéricas a la protección divina ayudaban a crear una sensación de que el poder de Franco trascendía lo terrenal.

¿Influencia o coincidencia? Análisis de los rituales y actos públicos franquistas

El uso de símbolos y rituales en el franquismo no fue una simple coincidencia cultural, sino una estrategia consciente para proyectar poder y control sobre la sociedad. Franco y sus asesores comprendían el poder de los símbolos para crear una narrativa de legitimidad y trascendencia, y aprovecharon la rica tradición religiosa y esotérica de España para consolidar su liderazgo.

Algunos de los rituales franquistas, como las mismas de campaña, que involucraban la bendición de las tropas antes de las batallas, no solo eran prácticas religiosas, sino también actos cargados de simbolismo esotérico. La participación de Franco en estos rituales, así como en otras ceremonias donde se exhibían reliquias sagradas, refuerza la idea de que el régimen no solo se apoyaba en el catolicismo como un pilar de legitimidad política, sino que también utilizaba estos símbolos para proyectar una imagen de poder espiritual.

Un ejemplo notable es la ceremonia de la Espada del Caudillo, donde Franco recibió una espada simbólica en una misa especial que marcaba su liderazgo como protector de la fe. Esta ceremonia evocaba los rituales de los caballeros medievales, que recibían espadas bendecidas antes de ir a la guerra para defender el cristianismo. Este tipo de eventos reforzaban la percepción de Franco como un líder místico, destinado a luchar por una causa sagrada.

El uso de símbolos como el yugo y las flechas, la cruz y la Virgen del Pilar no solo apelaba a las tradiciones cristianas, sino que también evocaba una narrativa de poder que conectaba a Franco con un destino predestinado. En el análisis de los actos públicos franquistas, se puede observar una estructura ritual que sigue un patrón similar al de las ceremonias esotéricas, donde el simbolismo y los rituales no solo tenían un propósito religioso, sino también un propósito místico: consolidar la imagen de Franco como un líder protegido por fuerzas superiores.

En resumen, la simbología del régimen de Franco iba mucho más allá de lo político. Los símbolos como el yugo, las flechas y la cruz no solo representaban la unidad y el poder militar, sino que también tenían un significado esotérico que conectaba a Franco con una tradición mística de liderazgo. A través del uso de estos símbolos y rituales, Franco construyó una narrativa de poder que proyectaba su liderazgo como un destino predestinado, protegido por fuerzas divinas y espirituales. Esta construcción simbólica ayudó a consolidar su poder y a perpetuar su imagen como un líder invulnerable, destinado a guiar a España en tiempos de crisis.

CAPÍTULO 10: REFLEXIONES FINALES: FRANCO, LA POLÍTICA Y LO OCULTO

Francisco Franco fue, sin duda, uno de los líderes más complejos del siglo XX, no solo por su papel en la historia política de España, sino también por la mezcla de elementos religiosos, místicos y esotéricos que rodearon su figura. En este capítulo final, recapitularemos el papel que el ocultismo y la religión jugaron en la construcción de su poder, reflexionando sobre si Franco fue meramente un líder político o si, como sugieren algunas narrativas, encarnó también una figura mística que operaba en la frontera entre lo terrenal y lo espiritual. Además, examinaremos cómo, bajo su régimen, lo político, lo espiritual y lo oculto se entrelazaron para crear una dictadura que proyectaba un aura de poder casi sobrenatural.

Recapitulación: el papel del ocultismo y la religión en la construcción del poder de Franco

Desde los primeros días de su ascenso al poder durante la Guerra Civil Española (1936-1939), Franco comprendió que la política y la religión no solo eran herramientas poderosas para gobernar, sino que, si se combinaban con elementos místicos y esotéricos, podían ayudar a proyectar una imagen de poder invulnerable. Franco no fue un dictador tradicional que simplemente gobernaba con mano dura; construyó una narrativa en torno a su figura que lo vinculaba con el destino divino de España. Se presentó como el líder que había salvado a la nación de la ruina moral, política y religiosa, y utilizó símbolos, rituales y leyendas para reforzar su legitimidad y control sobre la sociedad.

El uso del nacionalcatolicismo, la ideología que combinaba el catolicismo con el nacionalismo español, fue uno de los pilares del régimen de Franco. Esta ideología no solo defendía la preservación de la fe católica en la vida pública y privada, sino que también proyectaba a Franco como un caudillo elegido por Dios para guiar a España a través de la oscuridad del comunismo y la modernidad laica. Sin embargo, lo que hace único el franquismo en términos de religión y política es el uso de elementos esotéricos y ocultistas que se entrelazaron con el simbolismo católico.

Como hemos visto en los capítulos anteriores, Franco no solo utilizaba símbolos religiosos tradicionales como la cruz, la Virgen del Pilar y los ritos católicos. También hizo uso de símbolos con resonancias esotéricas, como el yugo y las flechas, las espadas bendecidas, y los rituales ceremoniales que evocaban antiguas tradiciones de caballería y cruzadas. Estos símbolos tenían un significado dual: en la superficie, representaban valores tradicionales y religiosos, pero en un nivel más profundo, apelaban a un sentido místico de poder y protección. La especulación sobre su invulnerabilidad, los intentos de asesinato fallidos, y la leyenda de su longevidad fueron elementos clave en la construcción de un aura de poder casi sobrenatural.

Además, su asociación con reliquias sagradas y su participación en rituales como la bendición de espadas y procesiones públicas contribuyeron a crear una imagen de Franco como un líder que no solo tenía poder político, sino también una protección espiritual. Franco sabía que la religión podía ser una fuente de control social, pero también era consciente del impacto que los símbolos místicos podían tener en la percepción pública de su liderazgo. Al vincularse con elementos religiosos y esotéricos, Franco pudo consolidar una narrativa de poder que iba más allá de lo político, sugiriendo que su liderazgo estaba predestinado y protegido por fuerzas superiores.

¿Fue Franco un líder político o una figura mística?

A lo largo de su vida, Franco se presentó principalmente como un líder político, un caudillo que, mediante la fuerza militar y la astucia política, había salvado a España de la destrucción. Sin embargo, la construcción simbólica en torno a su figura, que incluyó elementos religiosos, esotéricos y místicos, plantea la cuestión de si Franco fue, en cierto sentido, una figura mística que operaba más allá del ámbito puramente político.

En términos de política real, Franco fue un dictador tradicional en muchos aspectos: controló los medios de comunicación, reprimió a sus oponentes y gobernó con mano de hierro durante casi 40 años. Sin embargo, lo que lo distingue de otros dictadores de su época es la dimensión espiritual que acompañó su liderazgo. La narrativa de que su poder estaba predestinado por la providencia, su constante referencia a la protección divina y el uso de símbolos con connotaciones esotéricas sugieren que Franco buscaba proyectar una imagen de sí mismo no solo como un gobernante, sino como un guardián de las esencias sagradas de España.

El uso de la Virgen del Pilar como símbolo protector, los intentos de asesinato fallidos y las leyendas sobre su invulnerabilidad contribuyeron a la creación de una imagen de Franco como alguien que estaba por encima de los desafíos mundanos, casi como un personaje mitológico. Estas narrativas reforzaban la idea de que Franco era más que un líder político: era un elegido, un caudillo divino que encarnaba la esencia de la nación y que estaba destinado a protegerla y guiarla hacia un futuro redentor.

Las conexiones entre Franco y el Valle de los Caídos, un monumento que no solo honraba a los caídos en la Guerra Civil, sino que también proyectaba un mensaje de redención espiritual, consolidaron aún más esta imagen. El Valle, con su enorme cruz y su ubicación en un lugar apartado y rodeado de montañas, era más que un símbolo religioso: era un monumento que sugería que Franco tenía una misión trascendental. En este sentido, es posible argumentar que Franco se vio a sí mismo (y fue percibido por muchos) como una figura mística cuyo liderazgo trascendía la política.

La frontera entre lo político, lo espiritual y lo oculto en la España franquista

El régimen franquista estuvo marcado por una ambigua frontera entre lo político, lo espiritual y lo oculto. Mientras que Franco se presentaba a sí mismo como un líder político y militar tradicional, muchos de los símbolos y rituales que utilizó tenían una fuerte carga espiritual y esotérica. Esta fusión de lo político y lo espiritual permitió al régimen franquista establecer una narrativa de poder que no solo estaba basada en la fuerza militar, sino también en la percepción de que Franco tenía una misión divina para salvar a España.

El uso del simbolismo religioso, como la cruz, los rituales de bendición de armas y las procesiones públicas, no solo reforzaba la legitimidad política de Franco, sino que también transmitía un mensaje de protección divina. Estos símbolos y rituales no eran simples manifestaciones de fe, sino actos políticos cargados de poder simbólico que buscaban consolidar el control del régimen sobre la población. Sin embargo, detrás de esta superficie religiosa había una capa esotérica que conectaba a Franco con una tradición más profunda de poder místico.

En este sentido, el régimen franquista funcionaba en una zona gris entre la política y el misticismo. Si bien Franco gobernaba con la fuerza y el control de un dictador tradicional, también proyectaba la imagen de un líder que estaba predestinado a gobernar, protegido por fuerzas divinas o sobrenaturales. La obsesión con la invulnerabilidad de Franco, los rituales que lo rodeaban y las narrativas de protección espiritual crearon una figura que operaba en la frontera entre lo terrenal y lo trascendental.

Esta fusión de lo político, lo espiritual y lo oculto fue esencial para la longevidad del régimen. Al presentarse como un líder cuyo poder no solo era político, sino también espiritual, Franco pudo mantener un control firme sobre España durante casi cuatro décadas. Incluso después de su muerte, su imagen como un líder protegido por fuerzas superiores continuó siendo parte del imaginario colectivo, lo que demuestra cómo lo esotérico y lo místico formaron una parte integral de la construcción del poder franquista.

En resumen, la construcción del poder de Francisco Franco no se basó únicamente en la política y la represión, sino que también incluyó una dimensión espiritual y esotérica que fue fundamental para consolidar su liderazgo. Al utilizar símbolos religiosos y esotéricos, rituales cargados de significado y una narrativa de invulnerabilidad, Franco logró proyectar una imagen de poder que trascendía lo terrenal y lo político. Al final, Franco no fue solo un líder político, sino también una figura que operaba en la frontera entre lo espiritual y lo oculto, una construcción que ayudó a perpetuar su régimen y a moldear su legado en la historia de España.

BIBLIOGRAFÍA

Álvarez, José. *El franquismo y la Iglesia: del nacionalcatolicismo a la crisis final.* Editorial Planeta, 1995.

Cazorla, Antonio. *Franco: Biografía del Caudillo de España.* Alianza Editorial, 2007.

Cienfuegos, Fernando. *Los Símbolos del Régimen: Iconografía y Poder en la España de Franco.* Taurus, 2010.

Escrivá de Balaguer, Josemaría. *Camino.* Rialp, 1939.

Fernández, Javier. *Los mitos del franquismo: Historia, Simbolismo y Poder.* Crítica, 2014.

Gibson, Ian. *La noche que mataron a Calvo Sotelo: cómo empezó la Guerra Civil.* Plaza & Janés, 1982.

González, Julio. *La Falange Española: Historia y Simbolismo.* Ediciones Rialp, 1978.

Herrero, Javier. *La Religión y la Política en la España de Franco.* Editorial Crítica, 1996.

Howson, Gerald. *Armas para España: La intervención de Franco en la Guerra Civil Española.* Alianza Editorial, 2000.

Ledesma Ramos, Ramiro. *Escritos de la Falange: Ideología y Nacionalismo.* Ediciones Espasa-Calpe, 1937.

López, Laureano. *Opus Dei y Franquismo: El poder detrás del trono.* Akal, 2003.

Moradiellos, Enrique. *Franco: Anatomía de un dictador.* Alianza Editorial, 2018.

Payne, Stanley G. *Franco y la Iglesia Católica: Relación y conflicto en el franquismo.* RBA, 2008.

Preston, Paul. *Franco: Caudillo de España.* Grijalbo, 1994.

Ríos, Francisco. *El Valle de los Caídos: Monumento, Mito y Memoria.* Editorial Espasa, 2012.

Serrano Suñer, Ramón. *Entre el silencio y la propaganda: La historia oculta del franquismo.* Planeta, 1990.

Soria, Eduardo. *Masonería y Franquismo: Historia de una persecución.* Siglo XXI de España Editores, 1985.

Vázquez Montalbán, Manuel. *Franco, saqueo de España.* Debolsillo, 1979.

Ynfante, Jesús. *La prodigiosa aventura del Opus Dei.* Editorial Planeta, 1970.

GRACIAS POR COMPRAR
ESTE LIBRO.
DESCUBRE MÁS EN
NUESTRA WEB: